Impressum
Verlag: BABADADA GmbH, Nedderfeld 112 , 22529 Hamburg
Geschäftsführer / Verlagsleitung: Harald Hof
Druck: Books on Demand GmbH, In de Tarpen 42, 22848 Norderstedt

Imprint
Publisher: BABADADA GmbH, Nedderfeld 112 , 22529 Hamburg, Germany
Managing Director / Publishing direction: Harald Hof
Print: Books on Demand GmbH, In de Tarpen 42, 22848 Norderstedt

duɗal
l'école

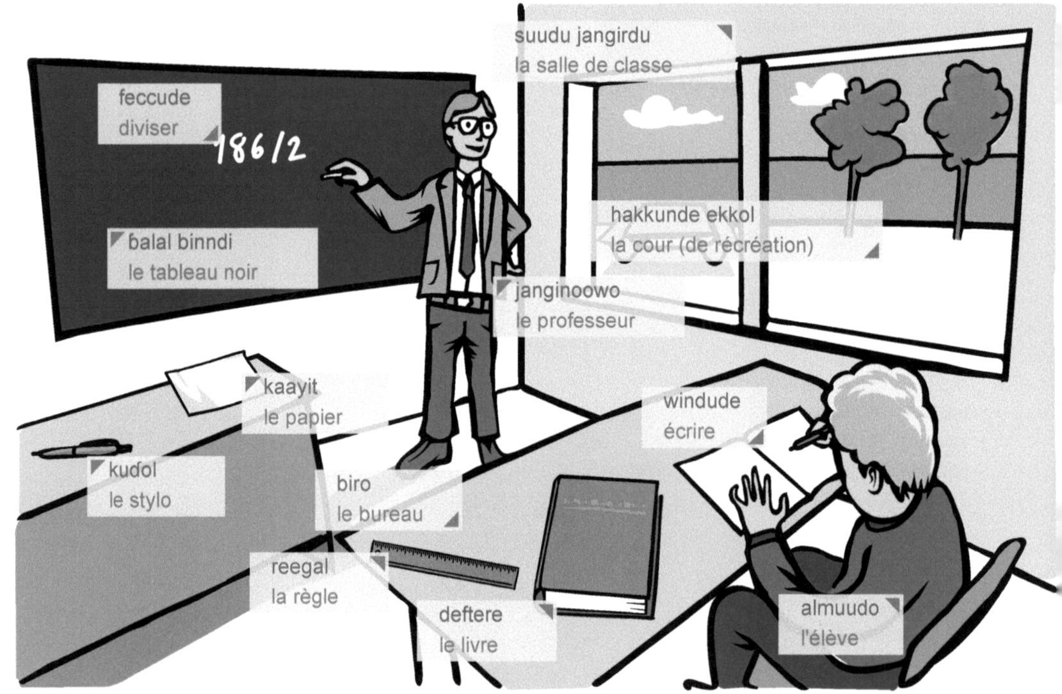

suudu jangirdu
la salle de classe
feccude
diviser
186/2
ɓalal binndi
le tableau noir
hakkunde ekkol
la cour (de récréation)
janginoowo
le professeur
kaayit
le papier
windude
écrire
kuɗol
le stylo
biro
le bureau
reegal
la règle
deftere
le livre
almuudo
l'élève

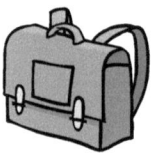

kartaabal

le cartable

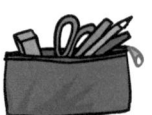

moftirdo kereyonji

la trousse

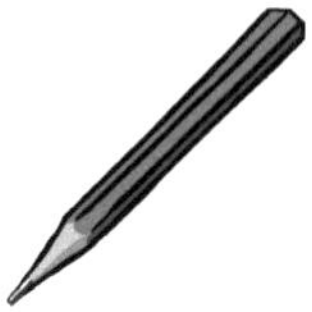

kereyo

le crayon

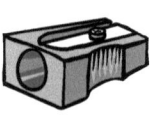

ceeɓnirgel kereyon

le taille-crayon

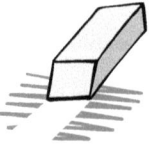

momtirgel

la gomme

alluwal ciifirgal

le carnet à dessin

ciifgol

le dessin

limsere pentirteeɗo

le pinceau

suwo pentirɗo

la boîte de peinture

sisooji

les ciseaux

ɗakkorgal

la colle

deftere ekkorgal

le cahier d'exercices

golle jannde

les devoirs

niimara

le chiffre

beydude

additionner

ustude

soustraire

beydude koowoondi

multiplier

qimaade

calculer

bataake

la lettre

karfeeje

l'alphabet

kongol

le mot

bindol

le texte

jangude

lire

bindirgal

la craie

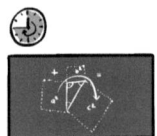

darsu

la leçon

winditaade

le livre de classe

egsame

l'examen

sartifika

le certificat

comcol duɗal

l'uniforme scolaire

janŋde

la formation

ansikolopedi

le lexique

duɗal jaaɓi haɗtirde

l'université

mikoroskop

le microscope

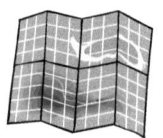

kartal

la carte

suwo kurjut

la corbeille à papier

ɗannagol

le voyage

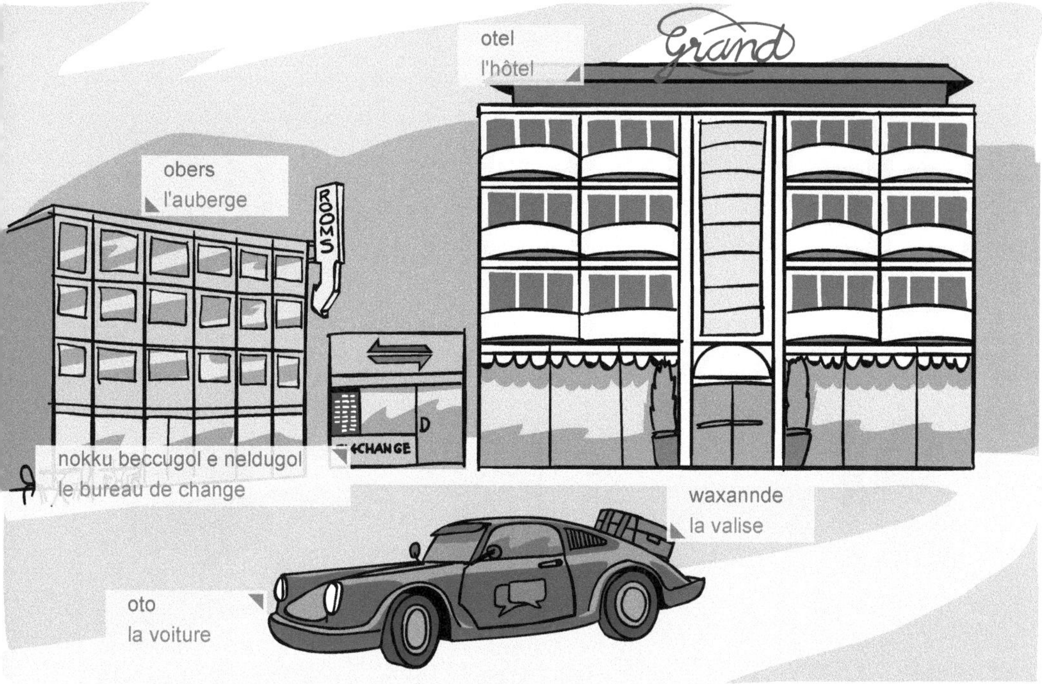
otel
l'hôtel
Grand
obers
l'auberge
ROOMS
CHANGE
nokku beccugol e neldugol
le bureau de change
waxannde
la valise
oto
la voiture

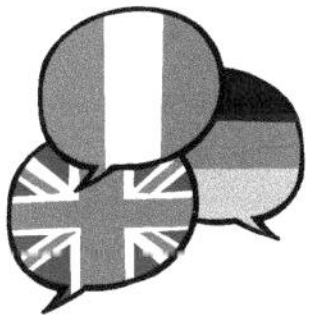

ɗemngal

la langue

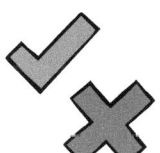

Eey / ala

oui / non

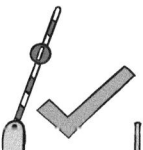

Moÿÿi

d'accord

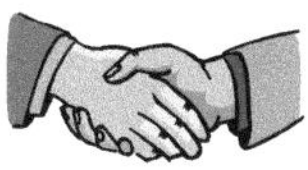

mbaɗɗa

Salut

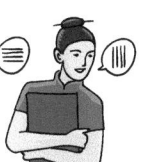

pirtoowo

l'interprète

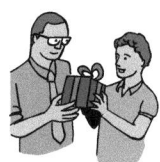

A jaraama

merci

no foti…?

Combien coûte...?

Mi faamaani

Je ne comprends pas

hanmi

le problème

Jam hiri!

Bonsoir !

Jam waali!

Bonjour !

Mbaalen e jam!

Bonne nuit !

ñande woɗnde

Au revoir

laawol

la direction

bagaas

les bagages

saawdu

le sac

saawdu wambateendu

le sac-à-dos

koɗo

l'hôte

suudu

la pièce

njegenaaw

le sac de couchage

caalel ladde

la tente

kabaruuji tuurist
l'office de tourisme

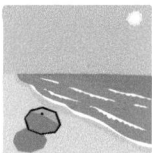

tufnde
la plage

kartal banke
la carte de crédit

kacitaari
le petit-déjeuner

bottaari
le déjeuner

hiraande
le dîner

biye
le billet

suutde
l'ascenseur

tampon
le timbre

keerol
la frontière

duwaan
la douane

ambasad
l'ambassade

wiisa
le visa

paaspoor
le passeport

taraspoor
le transport

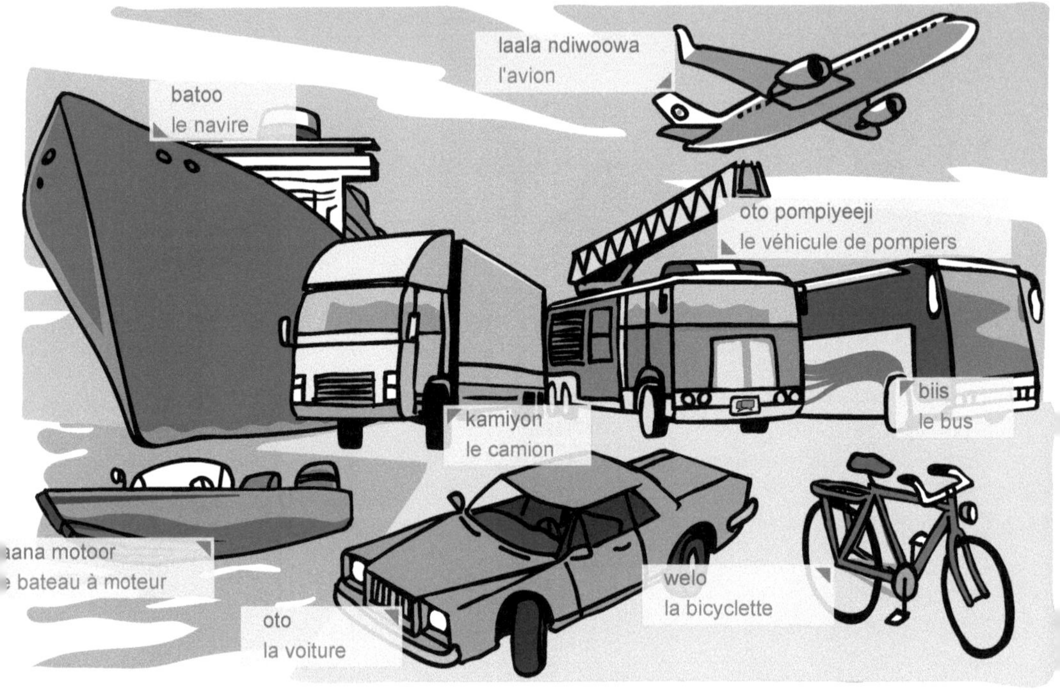

laala ndiwoowa
l'avion
batoo
le navire
oto pompiyeeji
le véhicule de pompiers
kamiyon
le camion
biis
le bus
ana motoor
bateau à moteur
welo
la bicyclette
oto
la voiture

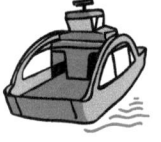

batoo
le ferry

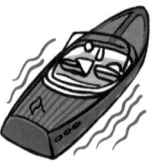

laana
la barque

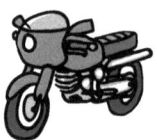

welo
la moto

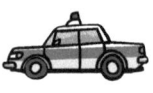

oto polis
la voiture de police

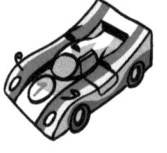

oto dogirteeɗo
la voiture de course

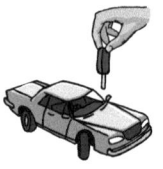

oto luwateeɗo
la voiture de location

dendugol oto

l'auto-partage

oto dandoowo goɗɗo

la voiture de remorquage

oto kurjut

la benne à ordures

motoor

le moteur

karbiran

l'essence

nokku esaans

la station d'essence

tintinooje yaangarta

le panneau indicateur

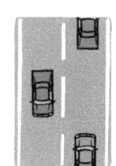

yaa ngarta

le trafic

jiiɓo yaa ngarta

l'embouteillage

dingiral otooji

le parking

dɪngɪral laana leydi

la gare

laaɓi

les rails

laana leydi

le train

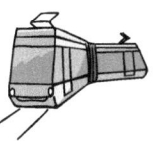

laana ndegoowa

le tramway

saret

le wagon

elikopteer

l'hélicoptère

ayrepoor

l'aéroport

tuur

la tour

wonɓe e laana

le passager

konteneer

le conteneur

karton

le carton

duñirgel kaake

le chariot

basket

la corbeille

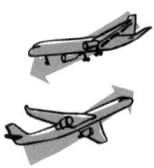

diwde / juuraade

décoller / atterrir

wuro mowngu
la ville

wuro

le village

hakkunde wuru wowngo

le centre-ville

galle

la maison

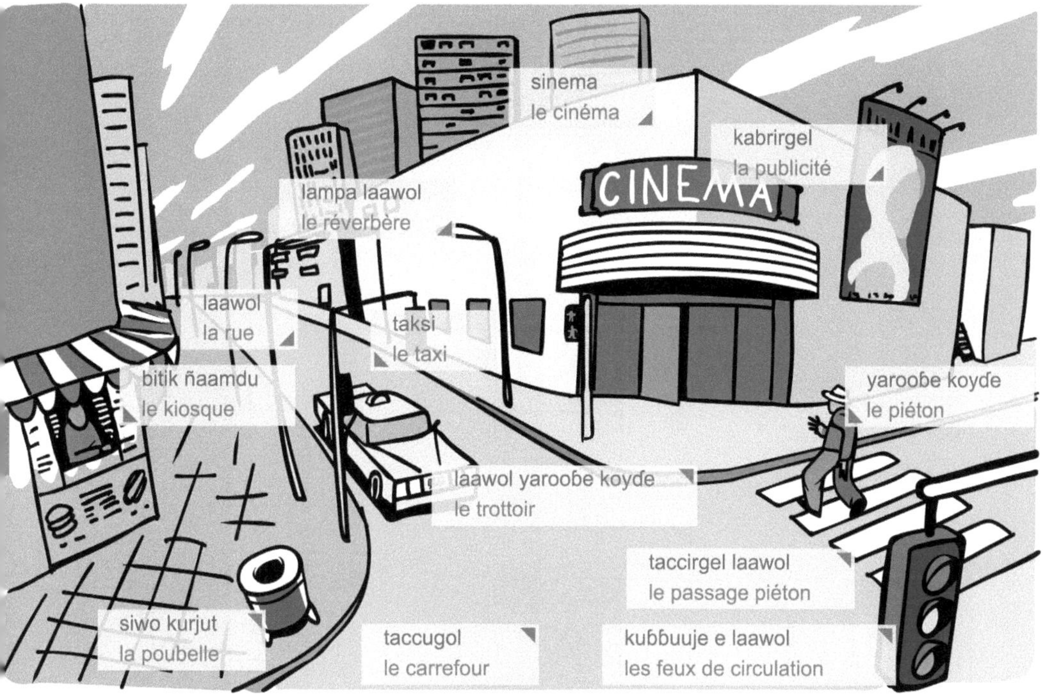

sinema
le cinéma

kabrirgel
la publicité

lampa laawol
le réverbère

CINEMA

laawol
la rue

taksi
le taxi

bitik ñaamdu
le kiosque

yarooɓe koyɗe
le piéton

laawol yarooɓe koyɗe
le trottoir

taccirgel laawol
le passage piéton

siwo kurjut
la poubelle

taccugol
le carrefour

kuɓɓuuje e laawol
les feux de circulation

tiba
la cabane

ko foti
l'appartement

dingiral laana leydi
la gare

meeri
la mairie

miise
le musée

duɗal
l'école

duɗal jaaɓi haɗtirde

l'université

banke

la banque

suudu safirdu

l'hôpital

otel

l'hôtel

farmasi

la pharmacie

gollirgal

le bureau

suudu defte

la librairie

bitik

le magasin

jeyoowo fuloraaji

le fleuriste

sipermarse

le supermarché

jeere

le marché

madase mawɗo

le grand magasin

jeyoowo liɗɗi

la poissonnerie

nokku coodateeɗo

le centre commercial

poor

le port

park
....
le parc

jooɗorgal
....
la banque

taccirgal
....
le pont

ŋabbirɗe
....
les escaliers

laawol metero
....
le métro

laawul les leydi
....
le tunnel

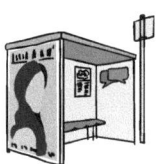

fongo biis
....
l'arrêt de bus

baar
....
le bar

restora
....
le restaurant

buwaat postaal
....
la boîte à lettres

lewnowel laawol
....
le panneau indicateur

to otooji ndaroto
....
le parcmètre

nokku kullon
....
le zoo

pisin
....
le réverbère

jama
....
la mosquée

ngesa

la ferme

gakkingol hendu

la pollution

bammule

la cimetière

egiliis

l'église

dingiral

l'aire de jeux

tampl

le temple

yiyande taariinde

le paysage

baramlefol
la feuille

tugayal tintinirgal
le panneau indicateur

laawol
le chemin

Huɗo sukkuko
le pré

haayre
la pierre

ɲayloowo
le randonneur

lekki
l'arbre

maayo
la rivière

huɗo
l'herbe

fuloor
la fleur

nokku kaañe mawɗe to
ndiyam dogata

la vallée

waande

la montagne

weedu

le lac

ladde

la forêt

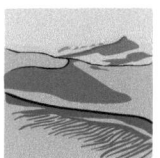

ladde yoornde

le désert

wolkan

le volcan

satoo

le château

timtimol

l'arc-en-ciel

sampiñon

le champignon

leki palm

le palmier

ɓowngu

le moustique

diwde

la mouche

njabala

les fourmis

mbuubu ñaak

l'abeille

njabala

l'araignée

hoowoyre keppoore

le coléoptère

faabru

la grenouille

doomburu ladde

l'écureuil

sammunde

le hérisson

fowru

le lièvre

pubbuɓal

la chouette

colel

l'oiseau

kakeleewal ladde

le cygne

mbabba tugal

le sanglier

lella

le cerf

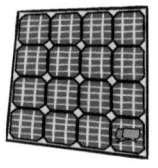

Nagge nde gallaɗi cate

l'élan

baraas

le barrage

masiŋel battowel hendu jeynge

l'éolienne

Lowowel nguleeki

le panneau solaire

kilima

le climat

restora
le restaurant

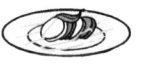

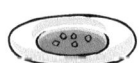

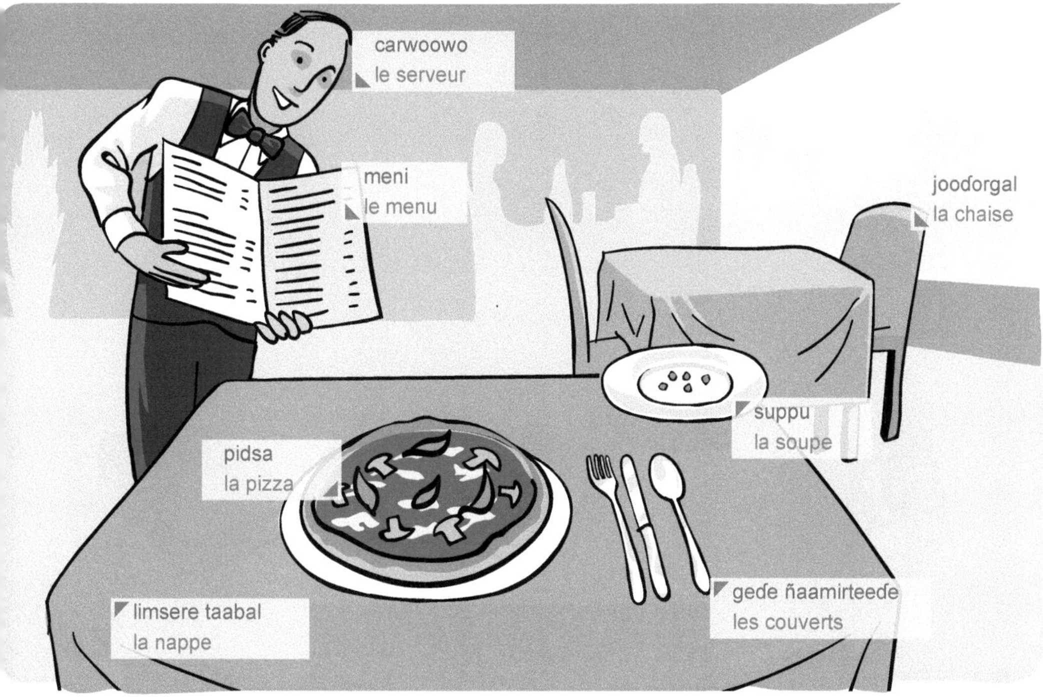
carwoowo
le serveur
meni
le menu
jooɗorgal
la chaise
suppu
la soupe
pidsa
la pizza
limsere taabal
la nappe
geɗe ñaamirteeɗe
les couverts

tongitirgel
....
les hors d'œuvre

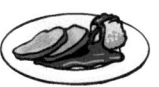

ñaamdu nguraandi
....
le plat principal

tuftorogol
....
le dessert

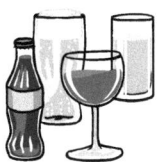

njaram
....
les boissons

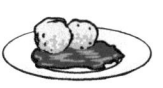

ñaamdu
....
l'alimentation

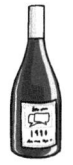

butel
....
la bouteille

fast fud
....
le fast-food

ñaamdu laawol
....
les plats à emporter

baraade
....
la théière

cupayel suukara
....
le sucrier

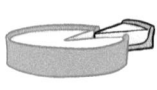

geɗel
....
la portion

Masinŋ kafe
....
la machine à expresso

jooɗorgal toowngal
....
la chaise haute

biye
....
la facture

ñorgo
....
le plateau

paaka
....
le couteau

furset
....
la fourchette

kuddu
....
la cuillère

nokkere kuddu
....
la cuillère à thé

sarbet
....
la serviette

weer
....
le verre

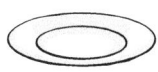

palaat

l'assiette

palaat suppu

l'assiette à soupe

cupayel

la soucoupe

soos

la sauce

pot lamđam

la salière

moññirgal poobar

le moulin à poivre

bineegara

le vinaigre

nebam

l'huile

kaađnooje

les épices

ketsap

le ketchup

muttard

la moutarde

mayonees

la mayonnaise

sipermarse
le supermarché

ngustugul coggu
l'offre promotionnelle
FOR
kiliyaan
le client
kosameeje
les produits laitiers
ɓikkon leɗɗe
les fruits
daasirgel
le chariot

BUTCHERS

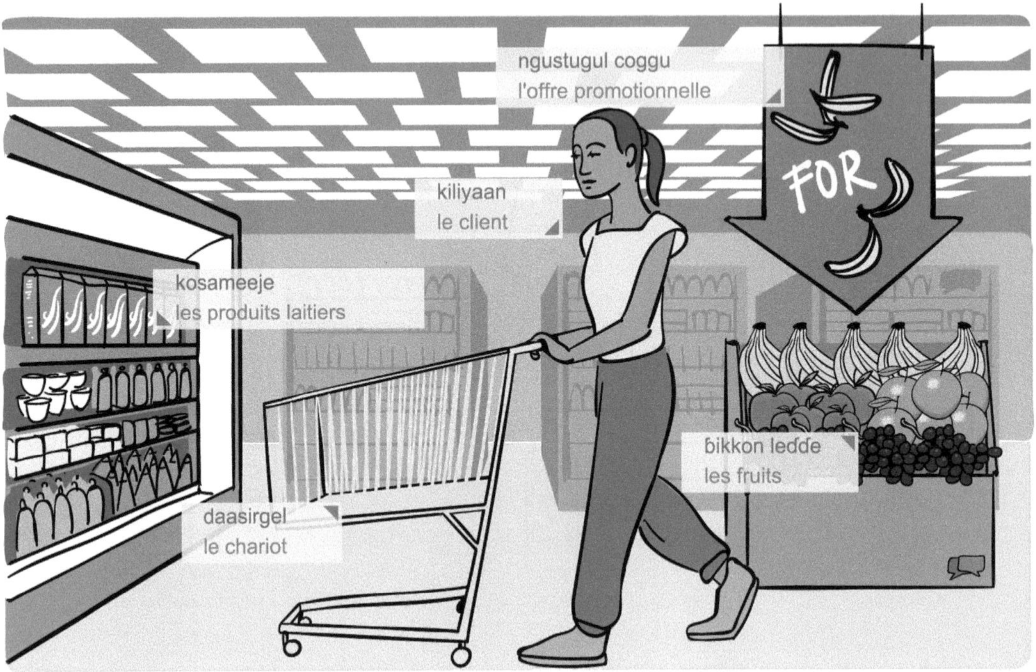

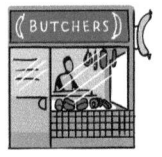

jeyoowo teew nagge

la boucherie

BAKERY

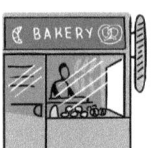

juɗoowo mburu

la boulangerie

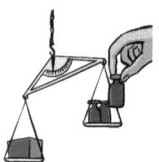

ɓetde

peser

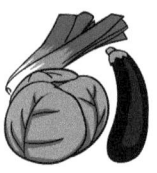

lijim

les légumes

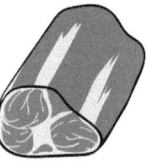

teew

la viande

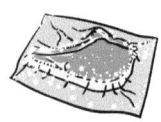

ñaamdu ɓumnaandu

les aliments surgelés

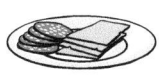

teew moftaaɗo

la charcuterie

ñaamdu nder buwat

les conserves

condi lawyirteendu

la poudre à lessive

bonboonji

les bonbons

geɗe ngurdaaɗe

les articles ménagers

porodiwiiji laaɓnirni

les détergents

julaaajo

la vendeuse

haa

la caisse

kestotooɗo

le caissier

limto coodaleeɗi

la liste d'achats

waktuuji golle

les heures d'ouverture

kalbe

le portefeuille

kartal banke

la carte de crédit

saak

le sac

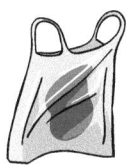

saak dalli

le sac en plastique

ndiyam

l'eau

njaram

le jus de fruit

kosam

le lait

ỹulmere

le coca

sangara

le vin

sangara

la bière

sangara

l'alcool

kakao

le chocolat chaud

ataaya

le thé

kafe

le café

kafe jon jooni

l'expresso

kafe italinaaɓe

le cappuccino

banaana

la banane

pom

la pomme

oraas

l'orange

dende

le melon

limonŋ

le citron.

karot

la carotte

laay

l'ail

lekki bambu

le bambou

basalle

l'oignon

sampiñon

le champignon

gerte

les noisettes

espageti

les pâtes

espageti

les spaghetti

maaro

le riz

salaat

la salade

firit

les pommes frites

faatat cahaaɗo

les pommes de terre rôties

pidsa

la pizza

amburgeer

le hamburger

sandiwis

le sandwich

buhal baddangal e lijim

l'escalope

buhal teew

le jambon

kaane biyeteeɗo sosison

le salami

sosis

la saucisse

gertogal

le poulet

defaɗum

le rôti

liingu

le poisson

ndefu gabbe kuwakeer

les flocons d'avoine

njilɓundi aɓuwaan e gabbe goɗɗe

le muesli

kornfelek

les cornflakes

farin

la farine

kurwasa

le croissant

pe o le

les petits-pains

mburu

le pain

mburu juɗaaɗo

le pain grillé

mbiskit

les biscuits

nebam boor

le beurre

kosam kaaɗɗam

le fromage blanc

gaalu

le gâteau

boccoonde

l'œuf

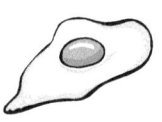

moccoonde fasnaande

l'œuf au plat

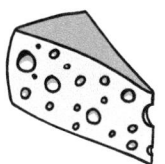

foromaas

le fromage

kerem galaas

la glace

suukara

le sucre

njuumri

le miel

teew nagge

la confiture

nirkugol sokkola

la crème nougat

suppu kaane

le curry

ngesa
la ferme

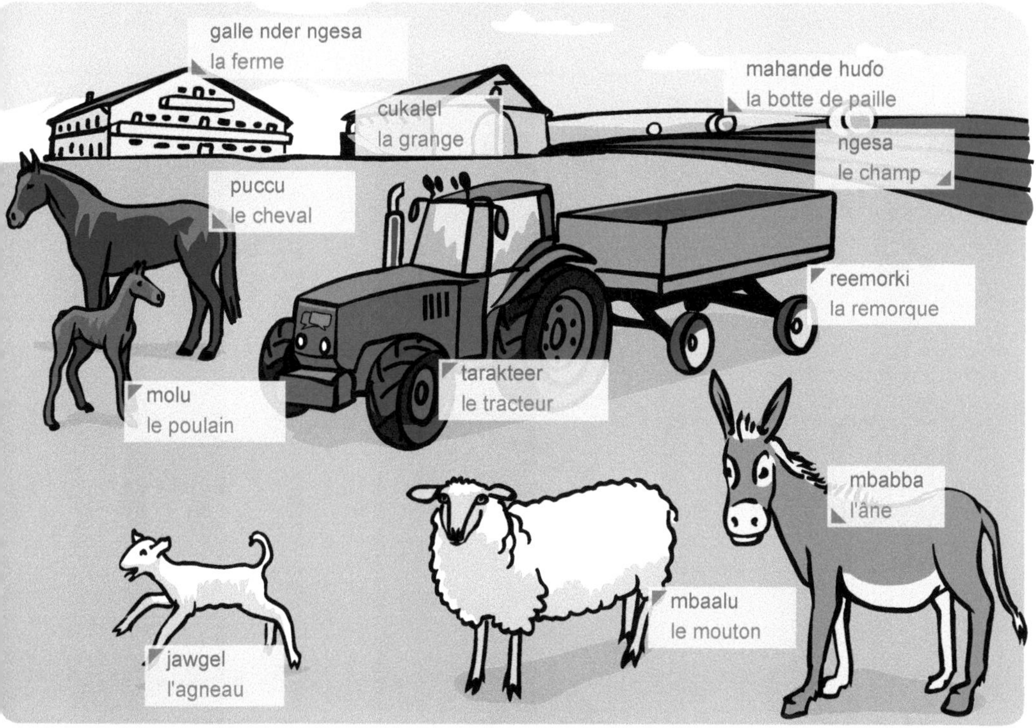
galle nder ngesa
la ferme
cukalel
la grange
mahande huɗo
la botte de paille
ngesa
le champ
puccu
le cheval
reemorki
la remorque
molu
le poulain
tarakteer
le tracteur
mbabba
l'âne
mbaalu
le mouton
jawgel
l'agneau

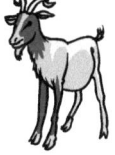

ndamdi

la chèvre

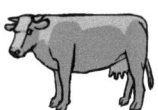

nagge

la vache

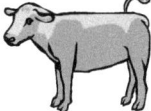

mbeewa

le veau

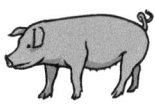

mbabba tugal

le porc

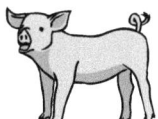

ɓingel mbabba tugal

le porcelet

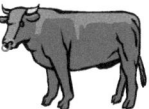

ngaari ladde

le taureau

jarlal ladde

l'oie

gerlal

le canard

cofel

le poussin

jarlal

la poule

ngori

le coq

doomburu

le rat

ullundu

le chat

doomburu

la souris

nagge

le bœuf

rawaandu

le chien

nokku dawaaɗi

le chenil

tiwo sardin

le tuyau de jardin

doosirgal

l'arrosoir

wofdu mawndu

la faucheuse

masinŋ demoowo

la charrue

wofdu

la faucille

coppirgal

la pioche

rato

la fourche

hakkunde

la hache

buruwet

la brouette

mbalka

la cuve

kosam buwat

le pot à lait

saak

le sac

kalasal galle

la clôture

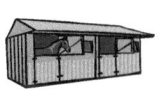

nokku puccl

l'étable

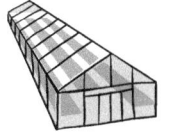

inexistant

le serre

leydi

le sol

abbere

les semences

nguurtinooje leydi

l'engrais

masinŋ coñirteeɗo

la moissonneuse-batteuse

soñde

récolter

soñde

la récolte

ñambi

l'igname

bele

le blé

soja

le soja

faatat

la pomme de terre

maka

le maïs

abbere lekki kolsa

le colza

lekki firwiiji

l'arbre fruitier

ñambi

le manioc

sereyaal

les céréales

galle
la maison

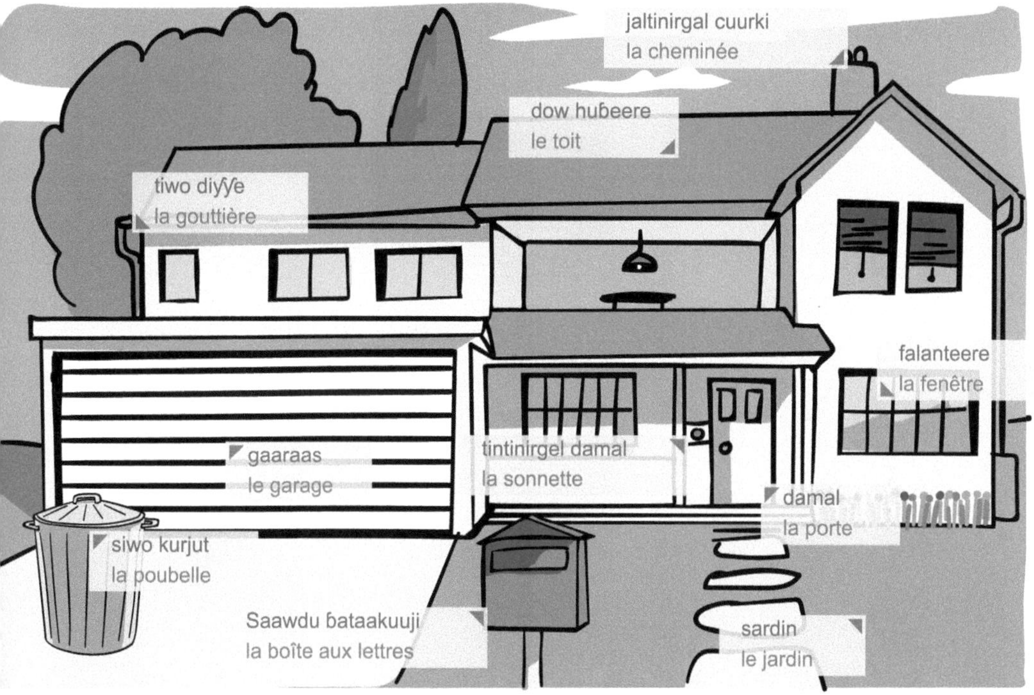

jaltinirgal cuurki
la cheminée
dow huɓeere
le toit
tiwo diyƴe
la gouttière
falanteere
la fenêtre
gaaraas
le garage
tintinirgel damal
la sonnette
damal
la porte
siwo kurjut
la poubelle
Saawdu ɓataakuuji
la boîte aux lettres
sardin
le jardin

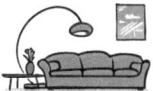

suudu yeewtere

le salon

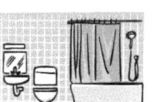

tarodde

la salle de bain

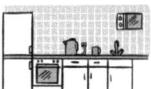

waañ

la cuisine

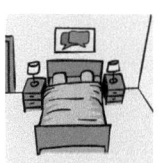

suudu waalduru

la chambre à coucher

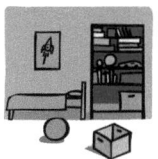

suudu sakaaɓe

la chambre d'enfant

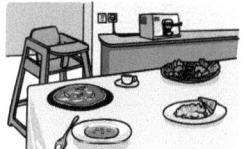

suudu hiraande

la salle à manger

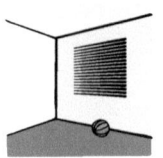

karawal

le sol

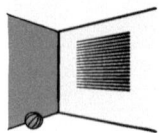

ɓalal

le mur

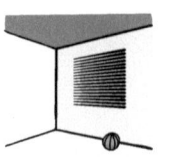

asamaan suudu

le plafond

faawru

la cave

soona e ɗemngal farase

le sauna

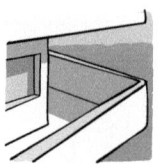

balko

le balcon

teeraas

la terrasse

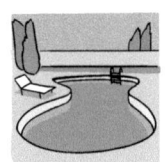

pisin

la piscine

keefoowo huɗo

la tondeuse à gazon

darap

la housse

darap

la couette

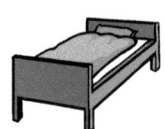

leeso

le lit

pittirgal

le balai

suwo

le sceau

ñifirgel

l'interrupteur

suudu yeewtere
le salon

nataal
le papier peint
nataal
l'image
lampa
la lampe
etaseer
l'étagère
bahe
l'armoire
tele
la télé
jaltinirgel cuurki
la cheminée
fuloor
la fleur
njegenaaw
le coussin
fotooy
le sofa
ciwirgal njaram
le vase
deengol ko woɗɗi
la télécommande

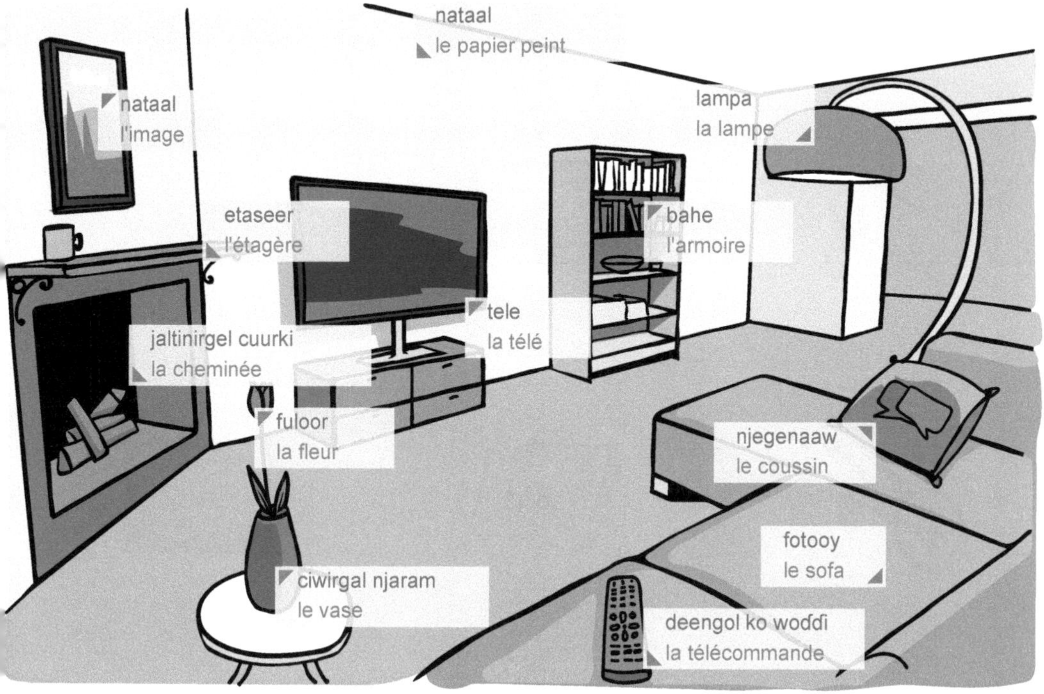

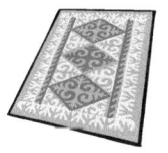

tappi
le tapis

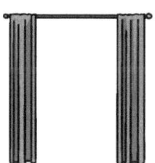

rido
le rideau

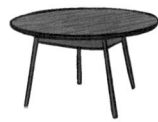

taabal
la table

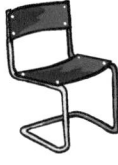

jooɗorgal
la chaise

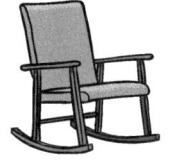

jooɗorgal timmungal
la chaise à bascule

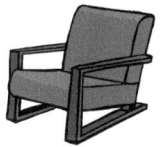

jooɗorgal tuggateengal
le fauteuil

deftere

le livre

cuddirgal

la couverture

jooɗnugol

la décoration

leɗɗe kuɓɓateeɗe

le bois de chauffage

filmo

le film

materiyel hi-fi

la chaîne hi-fi

coktirgal

la clé

kaayit kabaruuji

le journal

pentirgol

la peinture

posteer

le poster

rajo

la radio

teskorgel

le bloc-notes

ɓoɗowel pusiyeer

l'aspirateur

kaktis

le cactus

sondel

la bougie

la cuisine

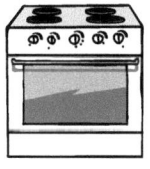

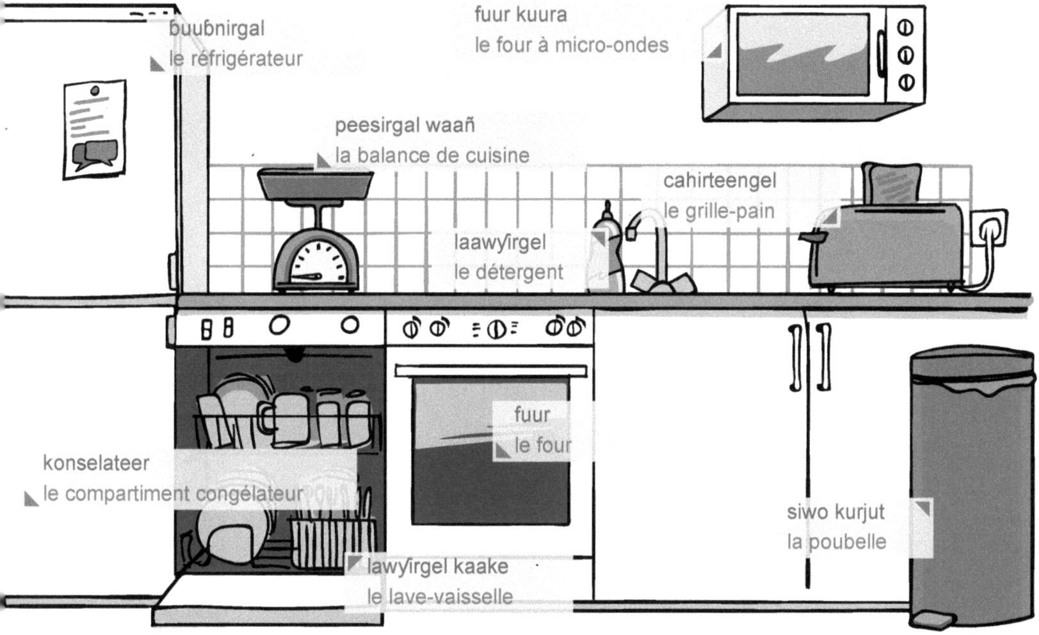
buuɓnirgal
le réfrigérateur
fuur kuura
le four à micro-ondes
peesirgal waañ
la balance de cuisine
cahirteengel
le grille-pain
laawƴirgel
le détergent
fuur
le four
konselateer
le compartiment congélateur
siwo kurjut
la poubelle
lawƴirgel kaake
le lave-vaisselle

fuurno

le four

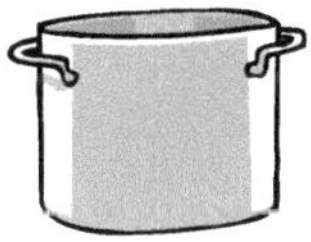

pot

la casserole

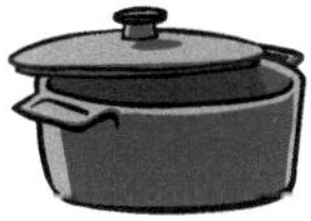

barme

la marmite

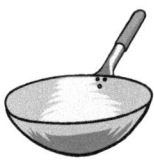

kasorol

le wok / kadai

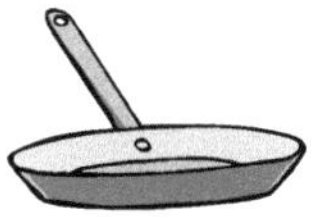

kasorol

la poêle

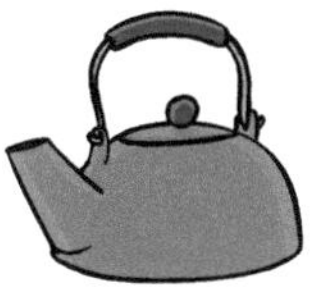

satalla

la bouilloire electrique

suppere defirteende

le cuiseur vapeur

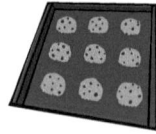

pool defirteeɗo

la plaque de cuisson

lawẙugol kaake

la vaisselle

pot jarduɗo

le gobelet

suppeere

la coupe

ñibirgon ñaamdu

les baguettes

kuddu luus

la louche

kayit ɗakirteeɗo

la spatule

iirtude

le fouet

ceɗirgel

la passoire

tame

le tamis

keefirgel

la râpe

moññirgal

le mortier

juɗgol

le barbecue

jeyngol e henndu

la cheminée

coppirgal

la planche à découper

degnirgel ñaamdu
feewnateendu

le rouleau à pâtisserie

udditirgel butel

le tire-bouchon

buwaat

la boîte

udditirgel buwat

l'ouvre-boîte

nangirgel pot

les maniques

siimtude

le lavabo

boros

la brosse

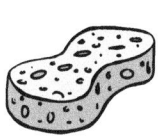

eppoos

l'éponge

jiibirgel

le mixeur

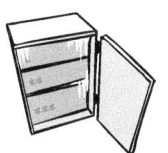

battowel galaas

le congélateur

jardugel liggu

le biberon

robine

le robinet

tarodde

la salle de bain

gulnirgel suudo
le chauffage
momtirgel
la serviette
lootogol
la douche
birnirgel lootorgal
le rideau de douche
lootogol e ngufu
le bain moussant
ngaska buftorteengo
la baignoire
weer
le verre
masinŋ lootnoowo
la machine à laver
robine
le robinet
kette senge
le carrelage
potsamburu
le pot
siimtude
le lavabo

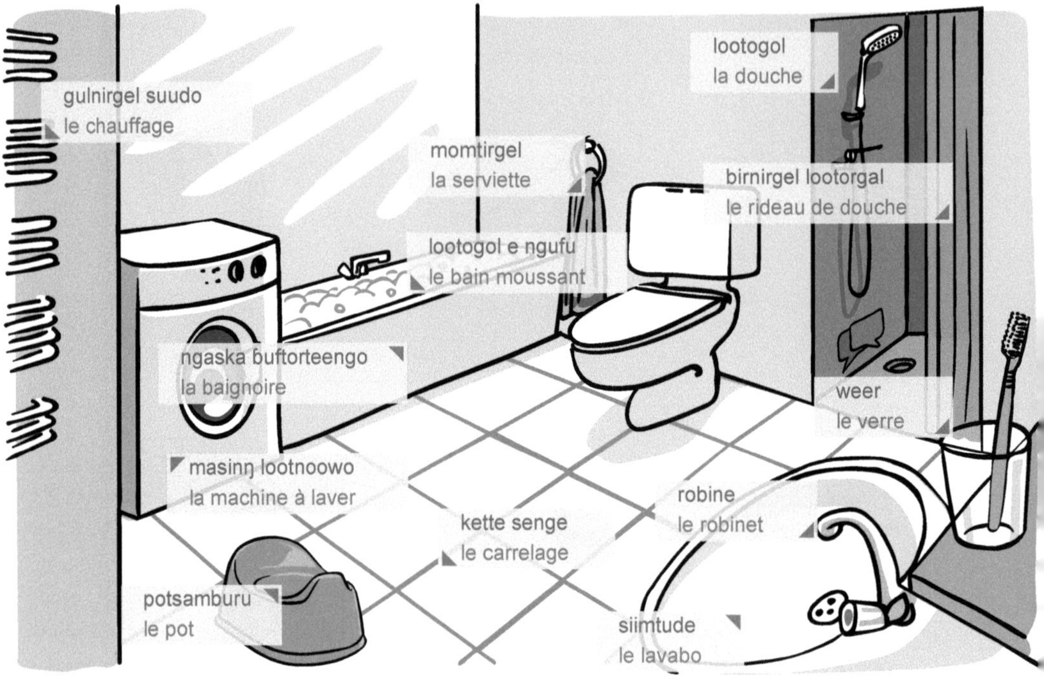

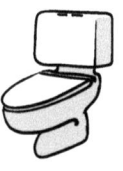

taarorde

les toilettes

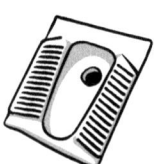

joɗorgal kuwirteengal

la toilette à la turque

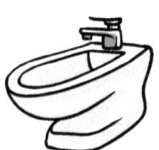

biisirgel ndiyam

le bidet

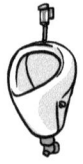

taarodde

l'urinoir

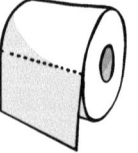

kaayit momtirɗo

le papier toilette

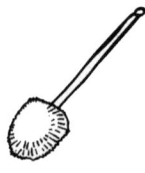

boros taarorde

la brosse à toilette

coccorgal ƴiiye

la brosse à dents

sabunde ƴiiye

le dentifrice

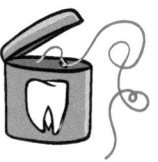

gaarowol ñiire

le fil dentaire

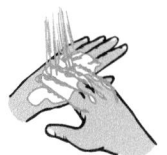

lawƴude

laver

ɓoggol lootirteengol

la douche manuelle

ɓuftogol

la douche intime

loowirteengel

la vasque

demirgel huɗo

la brosse dorsale

sabunnde

le savon

saabunde ɓuftorteende

le gel douche

sampoye

le shampooing

limsere wiro

le gant de toilette

ciiygol

l'écoulement

kerem

la crème

uurnirgel

le déodorant

daandorgal

le miroir

daandorgal pamoral

le miroir cosmétique

pembirgel

le rasoir

ngufu pembol

la mousse à raser

moomiteengel pembol

l'après-rasage

yeesoode

la peigne

boros

la brosse

joornirgel sukunndu

le sèche-cheveux

peewnirgel sukunndu

la laque pour cheveux

makiyaas

le fond de teint

joodirgel toni

le rouge à lèvres

momtirgel cegeneeji

le vernis à ongles

garowol wiro

l'ouate

siso cegeneeji

le coupe-ongles

parfon

le parfum

waxande lootorgal

la trousse de toilette

kuudi

le tabouret

peesirgal

le pèse-personne

wutte cuftorteeɗo

le peignoir

gaŋuuji dalli

les gants de nettoyage

momtirer ƴiiƴam ella

le tampon

kuus tiggu

les serviettes hygiéniques

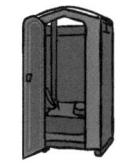

lootogol simik

la toilette chimique

suudu sakaaɓe

la chambre d'enfant

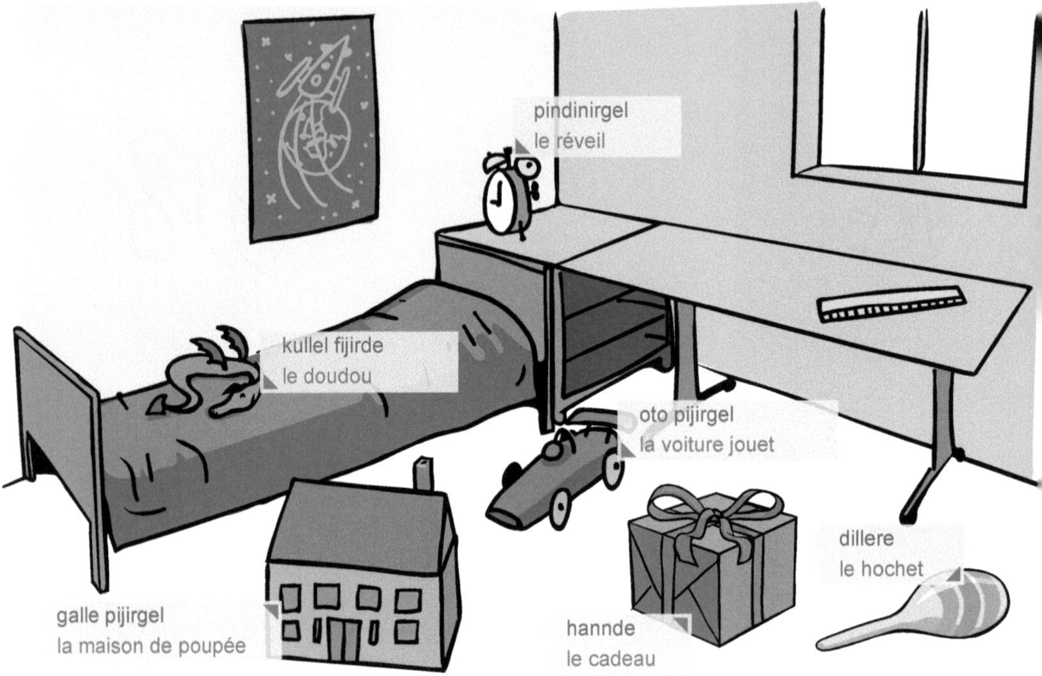
pindinirgel
le réveil
kullel fijirde
le doudou
oto pijirgel
la voiture jouet
dillere
le hochet
galle pijirgel
la maison de poupée
hannde
le cadeau

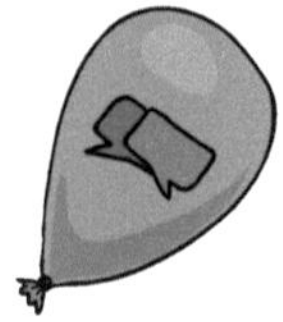

sumalle dalli

le ballon

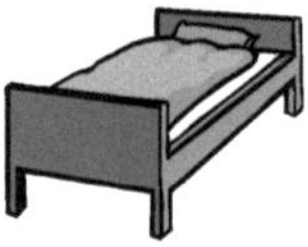

leeso

le lit

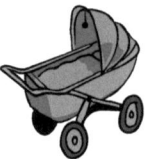

duñirgel tiggu

la poussette

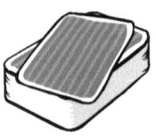

nokkere karte

le jeu de cartes

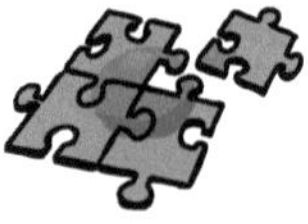

fijirde lombondirgol

le puzzle

SUPER
MEGA

njalniika

la bande dessinée

pijirgel tuufeeje

les pièces lego

tuufeeje

les blocs de construction

pijirgel

la figurine

comcol tiggu

la grenouillère

palaat diwwoow

le frisbee

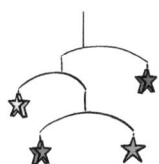

noddirgel

le mobile

pijirgel

le jeu de société

dee

le dé

ñemtinirgel laana ndegoowa

le train miniature

neɗɗo fuuunti

la sucette

fijirde

la fête

dettere nate

le livre d'images

bal

la balle

puppe

la poupée

fijde

jouer

mbalka ceenal

le bac à sable

beeltirgal

la balançoire

pijirgel

les jouets

pijiteengel see widewo

la console de jeu

welo biifi tati

le tricycle

pijirgel kullel urs

l'ours en peluche

armuwaar

l'armoire

comcol
les vêtements

kawase

les chaussettes

kawase

les bas

tuubayon ɓittukon

le collant

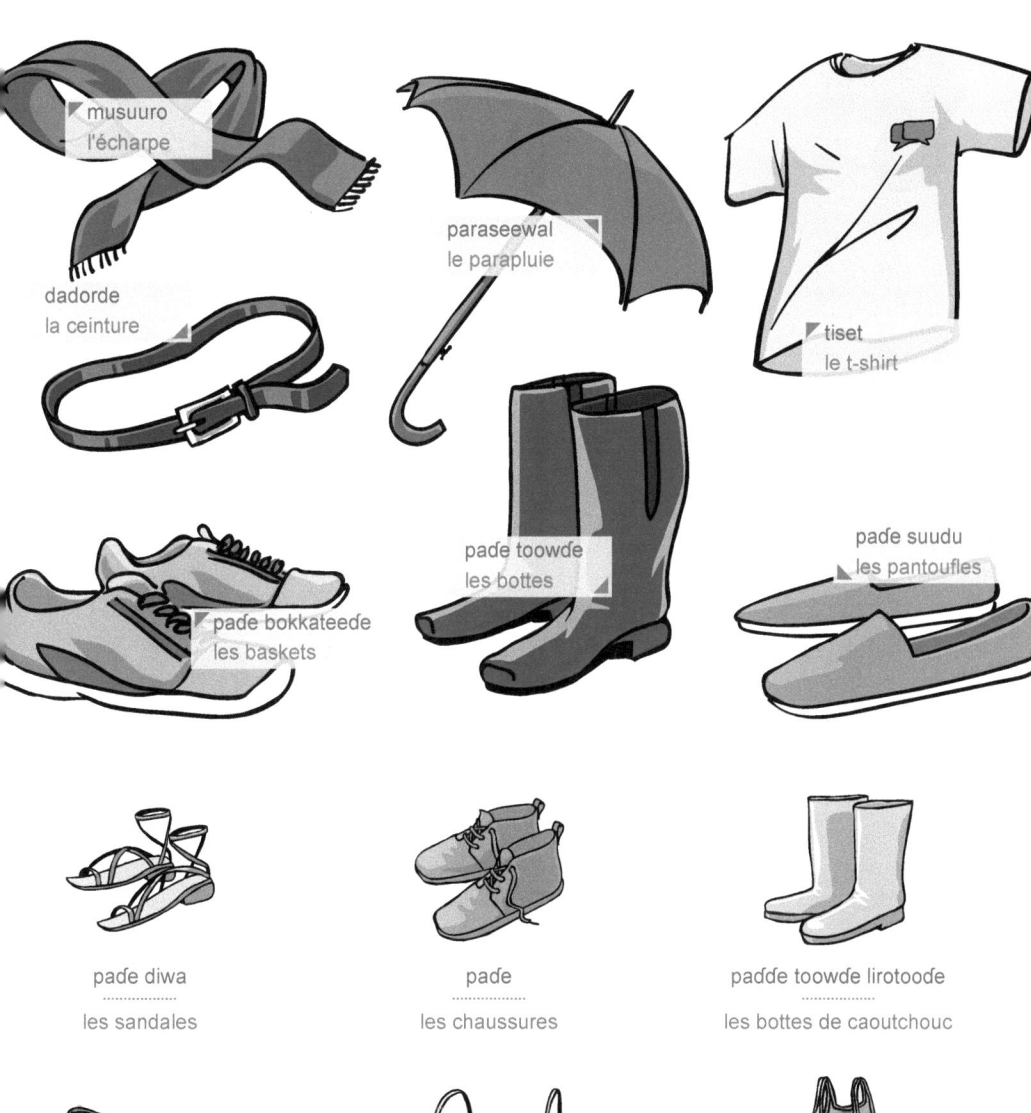

musuuro
l'écharpe

dadorde
la ceinture

paraseewal
le parapluie

tiset
le t-shirt

pade toowde
les bottes

pade suudu
les pantoufles

pade bokkateede
les baskets

pade diwa
les sandales

pade
les chaussures

padde toowde lirotoode
les bottes de caoutchouc

cakkirdi
les sous-vêtements

sucengors
le soutien-gorge

silet
le maillot de corps

ɓanndu

le body

tuuba

le pantalon

jiin

le jean

robbo

la jupe

buluson

le chemisier

simis

la chemise

piliweer

le pull

weste nebbu

le sweat à capuche

layset

la veste

jaget

la veste

weste juuɗɗo

le manteau

wutte tobo

l'imperméable

kostim

le costume

robbo

la robe

robbo yange

la robe de mariée

weste

le costume

wutte baaldudo

la chemise de nuit

pijama

le pyjama

sari

le sari

muusooro

le foulard

kaala

le turban

kaala

la burqa

sabndoor

le caftan

abbaay

l'abaya

comcol lumbirogol

le maillot de bain

cakkirɗi

le maillot de bain

kilot

le short

joogin

la tenue d'entraînement

limsere deffowo

le tablier

gaɲuuji

les gants

ɓoɗɗirgel
....
le bouton

lone
....
les lunettes

jawo
....
le bracelet

cakka
....
le collier

feggere
....
la bague

hootonde
....
la boucle d'oreille

laafa
....
le bonnet

liggirgal weste
....
le cintre

laafa
....
le chapeau

karawat
....
la cravate

zip
....
la fermeture éclair

laafa ndeenka
....
le casque

ganŋ
....
les bretelles

comcol duɗal
....
l'uniforme scolaire

iniform
....
l'uniforme

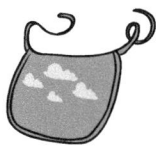

sarbetel daande

le bavoir

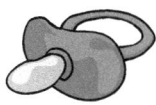

neɗɗo fuuunti

la sucette

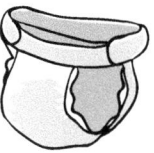

kuus

la lange

gollirgal
le bureau

serveer
le serveur
baxane doodiyeeji
l'armoire d'archivage
jaltinirgel kaayit
l'imprimante
kaayit
le papier
ekaran
l'écran
biro
le bureau
suuri
la souris
caawiirgel doosiyeeji
le classeur
tappirde
le clavier
suwo kurjut
la corbeille à papier
joodorgal
la chaise
ordinateer
l'ordinateur

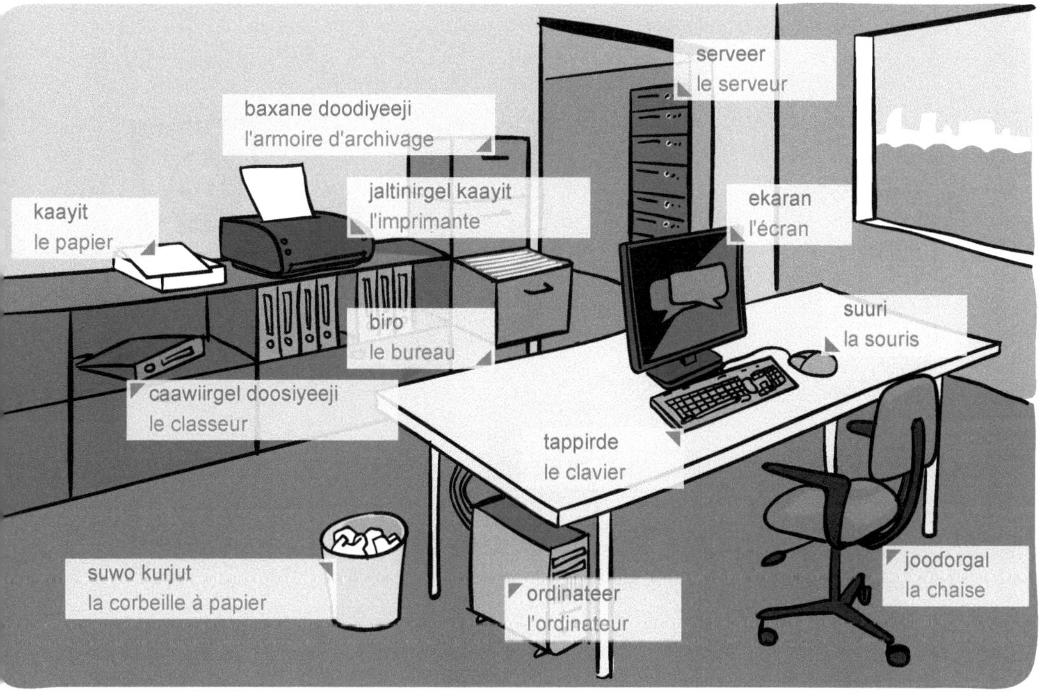

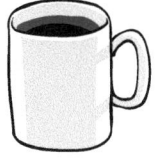

kuppu kafe

la tasse de café

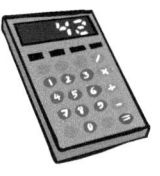

qiimorgal

la calculatrice

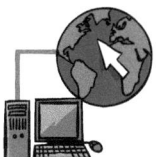

enternet

l'internet

ordinateer beelnateeɗo

l'ordinateur portable

ɓataake

la lettre

ɓataake

le message

noddirgel

le portable

reso

le réseau

cottitirgel

la photocopieuse

losisiyel

le logiciel

noddirgel

le téléphone

ceŋirgel ɓoggol kuura

la prise

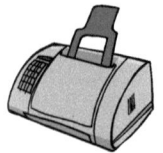

masinŋ faks

le fax

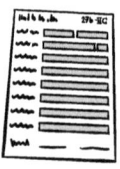

mbaadi

le formulaire

dokiman

le document

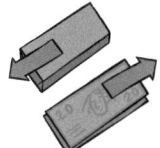

soodde

acheter

soodde

payer

yeyde

faire du commerce

kaalis

la monnaie

dolaar

le dollar

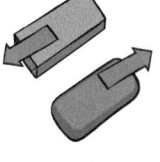 

eroo

l'euro

yen

le yen

ruubal

le rouble

faran Siwis

le franc suisse

yuwaan renminbi

le renminbi yuan

rupii

la roupie

masinŋ keestordo kaalis

le distributeur automatique

nokku beccugol e neldugol

le bureau de change

kanŋe

l'or

kaalis

l'argent

esaans

le pétrole

sembe

l'énergie

coggu

le prix

kontara

le contrat

taks

la taxe

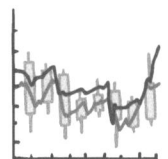

marsandiss moftaaɗo

l'action

gollude

travailler

gollinteeɗo

l'employé

gollinoowo

l'employeur

isin

l'usine

bitik

le magasin

haajuuji

les professions

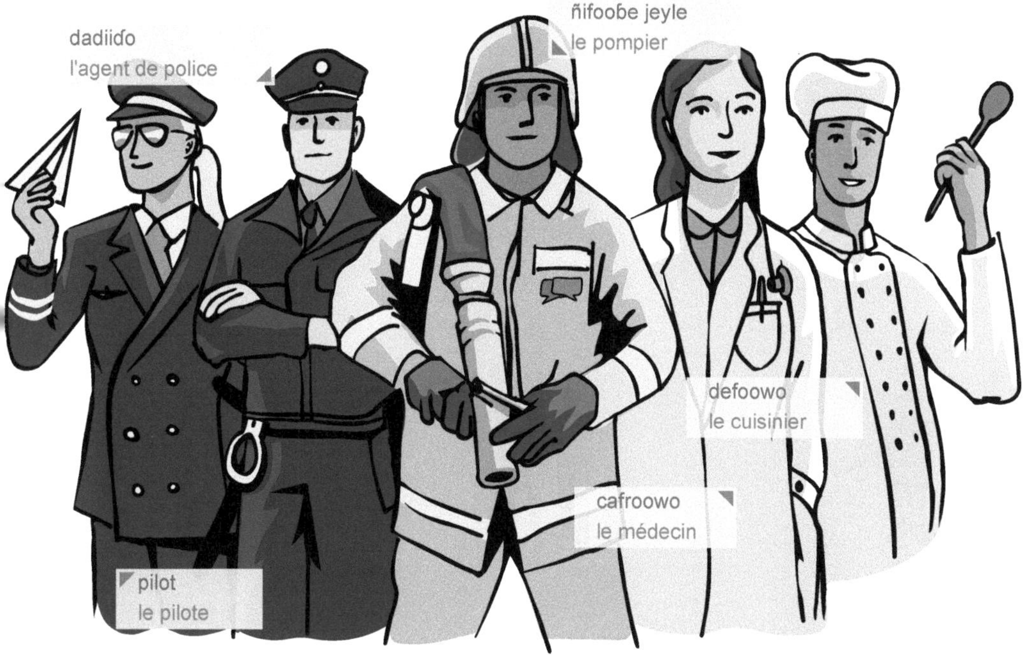
dadiiɗo
l'agent de police
ñifooɓe jeyle
le pompier
defoowo
le cuisinier
cafroowo
le médecin
pilot
le pilote

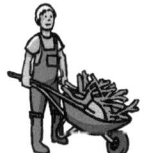

toppitiido sardin

le jardinier

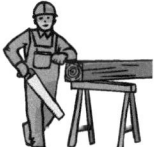

minise

le menuisier

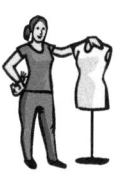

ñootoowo

la couturière

ñaawoowo

le juge

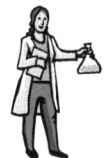

simist e ɗemngal farayse

le chimiste

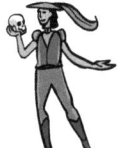

aktoor

l'acteur

dognoowo biis

le conducteur de bus

dognoowo taksi

le chauffeur de taxi

gawoowo

le pêcheur

pittoowo

la femme de ménage

cengirɗe huɓeere

le couvreur

carwoowo

le serveur

daddoowo

le chasseur

pentiroowo

le peintre

piyoowo mburu

le boulanger

gollowo kuura

l'électricien

mahoowo

l'ouvrier

enseñeer

l'ingénieur

jeyoowo teew keso

le boucher

polombiyer

le plombier

nawoowo ɓatakuuji

le facteur

kooninke

le soldat

diidoowo ɓahanteeri

l'architecte

kestotooɗo

le caissier

jeyoowo fuloraaji

le fleuriste

mooroowo

le coiffeur

dognoowo

le contrôleur

mekanisiyenŋ

le mécanicien

kapiteen

le capitaine

cafroowo ƴiiƴe

le dentiste

miijotooɗo

le scientifique

kellifaaɗo diine to israayel

le rabbin

Imaam

l'imam

muwaan e e ɗemngal
farayse

le moine

kellifaaɗo diine heerereeɓe

le prêtre

kuutorɗe
les outils

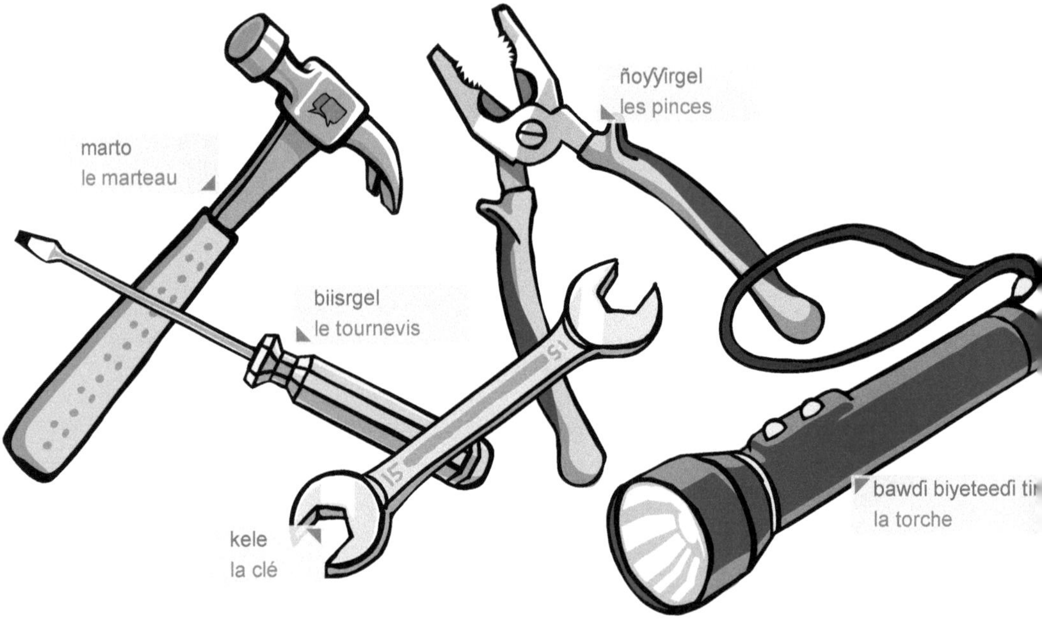

marto
le marteau
ñoyƴirgel
les pinces
biisrgel
le tournevis
kele
la clé
bawɗi biyeteeɗi ti
la torche

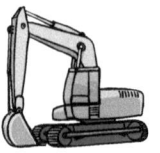

pikku

la pelleteuse

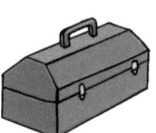

baxanel kaɓorɗe

la boîte à outils

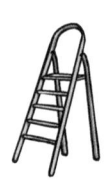

ŋabbirgal

l'échelle

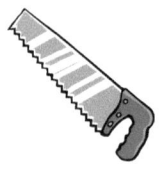

tayƴirgal

la scie

ƴiɓirɗe

les clous

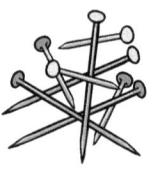

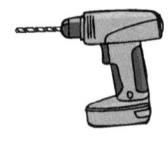

julirgal

la perceuse

fewnitde
réparer

nokkirgel
la pelle

Soo!
Mince !

ɓoftirgel kurjut
la pelle

pot penttiir
le pot de peinture

wiisuuji
les vis

kongirgon misik
les instruments de musique

nantinooji
le haut-parleurs

kongateeɗe
la batterie

hoddu
la guitare

duubl baas
la contrebasse

liital
la trompette

piayaano

le piano

wiyolon

le violon

baas

la basse

bowɗi biyeteeɗi timpani

les timbales

bawɗi

le tambour

tappirgal

le piano électrique

saksofoon

le saxophone

nguurdu

la flûte

mikoro

le microphone

cewngu jaawlal
le tigre

naatirgal
l'entrée

suudu kullal
la cage

puccu ladde
le zèbre

ñamdu jawdi
l'alimentation animale

panda
le panda

kulle

les animaux

ñiiwa

l'éléphant

kanguru

le kangourou

rinoseros

le rhinocéros

waandu mowndu

le gorille

urs

l'ours

ngelooba

le chameau

sundu ɓurndu mownude

l'autruche

mbaroodi

le lion

waandu

le singe

ñaaral pural

le flamand rose

seku

le perroquet

urso galaas

l'ours polaire

liingu wiyeteendu penguwe

le pingouin

lingu reke

le requin

ndiwri wiyeteendu pawon

le paon

laadoori

le serpent

nooro

le crocodile

deenoowo zoo

le gardien de zoo

togoori ndiyam wiyeteendu
fok e farayse

le phoque

cewngu

le jaguar

molu

le poney

cewngu

le léopard

ngabu

l'hippopotame

njabala

la girafe

ciilal

l'aigle

mbabba tugal

le sanglier

liingu

le poisson

heende

la tortue

kullal biyeteengal morse

le morse

renaar

le renard

lella

la gazelle

Fuggukoyngel Amerknaaɓe
l'american Football

dognugol welo
le cyclisme

tenis
le tennis

beysbol
le basket-ball

lumbagol
la natation

boks
la boxe

fuggukoyngel e galaas
le hockey sur glace

Fuggukoyngel

le football

badminton

le badminton

atelettuuji

l'athlétisme

hanbol

le handball

fijirɗe deggol e nees

le ski

polo

le polo

golle

les activités

jalde
rire
diwde
sauter
ɓuucaade
embrasser
yaade
marcher
yimde
chanter
hoyɗitaade
rêver
juulde
prier
ɓuucaade
faire la bise

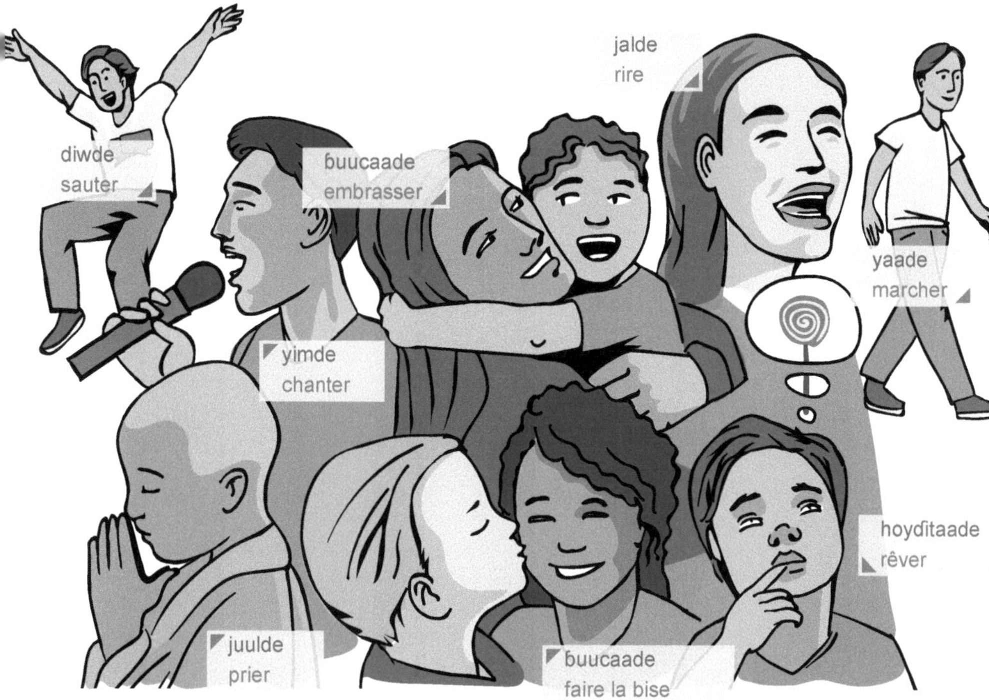

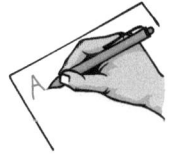

windude

écrire

siifde

dessiner

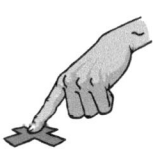

hollude

montrer

duñde

pousser

rokkude

donner

ƴettude

prendre

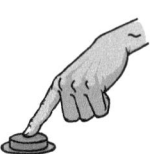

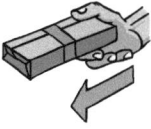

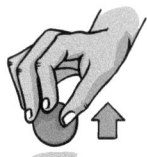

deñde

avoir

waɗde

faire

wonde

être

ummaade

être debout

dogde

courir

fooɗde

trier

weddaade

jeter

yande

tomber

fende

être couché

sabbaade

attendre

roondaade

porter

jooɗaade

être assis

ɓoornaade

s'habiller

ɗaanaade

dormir

finde

se réveiller

ỹeewde

regarder

woyde

pleurer

helde

caresser

yeesaade

peigner

haalde

parler

faamde

comprendre

naamnaade

demander

heɗaade

écouter

yarde

boire

ñaamde

manger

hawrinde

ranger

yiɗde

aimer

defde

cuire

dognude

conduire

diwde

voler

awỹude
faire de la voile

qimaade
calculer

jangude
lire

jangude
apprendre

gollude
travailler

resde
se marier

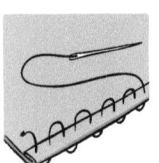

ñootde
coudre

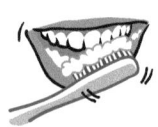

soccaade ỹiiỹe
brosser les dents

warde
tuer

simmaade
fumer

neldude
envoyer

ɓesngu

la famille

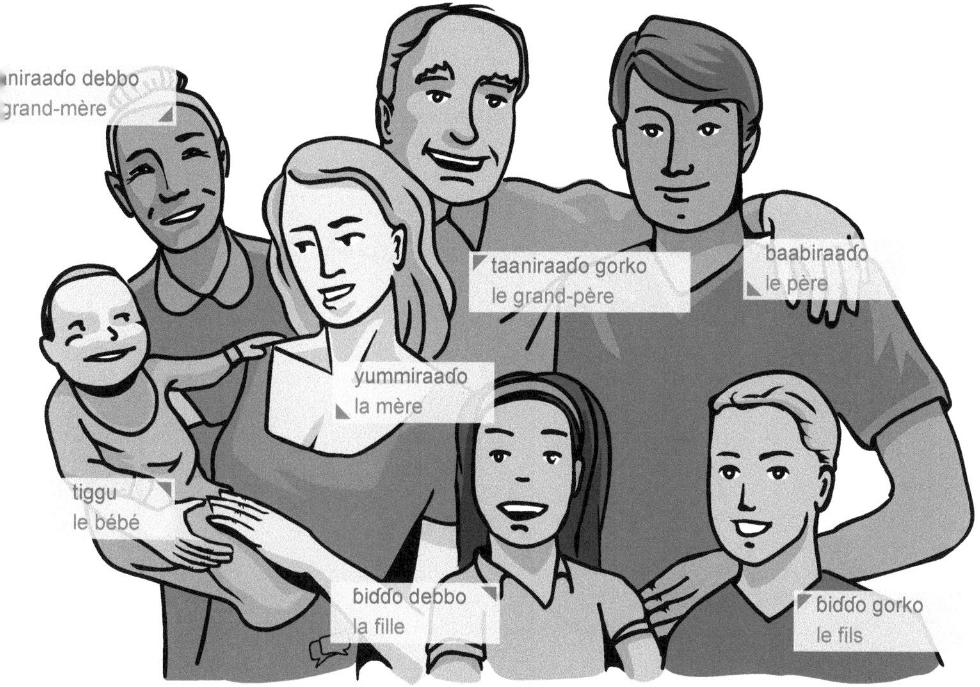

niraaɗo debbo
rand-mère
taaniraaɗo gorko
le grand-père
baabiraaɗo
le père
yummiraaɗo
la mère
tiggu
le bébé
ɓiɗɗo debbo
la fille
ɓiɗɗo gorko
le fils

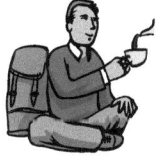

koɗo

l'hôte

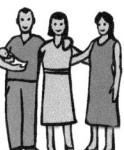

goggiraaɗo

la tante

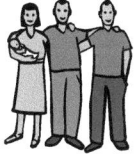

kaawiraaɗo

l'oncle

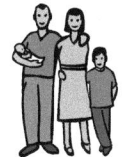

mowniraaɗo gorko

le frère

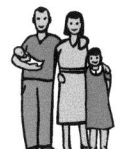

mowniraaɗo debbo

la sœur

bandu

le corps

tiinde
le front

yiitere
l'œil

walabo
l'épaule

fedendu
le doigt

yeeso
le visage

waare
le menton

jungo
la main

endu
la poitrine

koyngal
la jambe

jungo
le bras

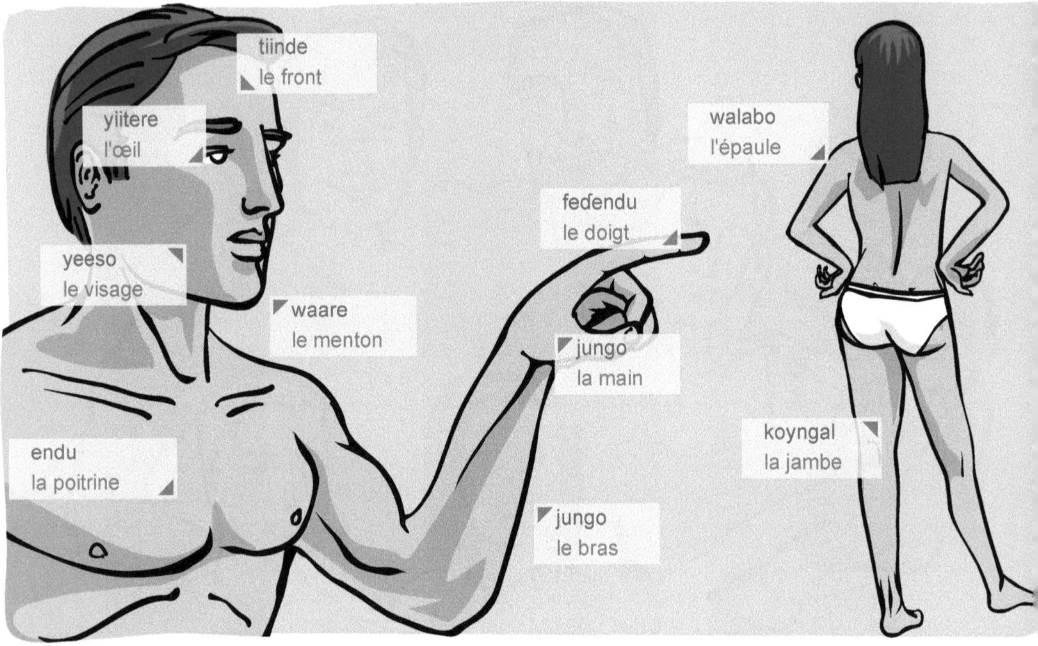

tiggu

le bébé

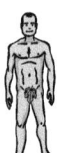

gorko

l'homme

debbo

la femme

deftere kongoli

la fille

suka gorko

le garçon

hoore

la tête

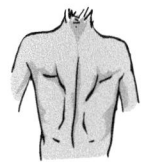

keeci

le dos

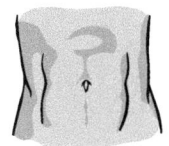

reedu

le ventre

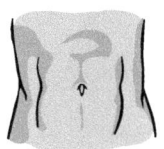

wuddu

le nombril

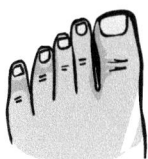

feɗendu koyngal

l'orteil

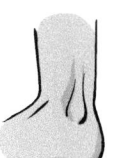

jabborgal

le talon

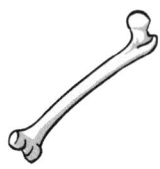

yiyal

l'os

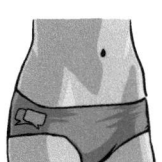

rotere

la hanche

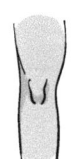

hofru

le genou

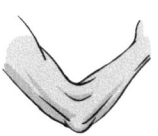

salndu junngu

le coude

hinere

le nez

dote

les fesses

nguru

la peau

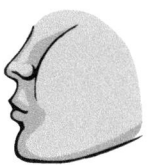

abbulo

la joue

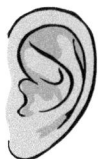

nofru

l'oreille

tonndu

la lèvre

hunuko

la bouche

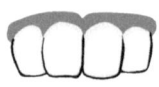

ñiire

la dent

ɗemngal

la langue

ngaandi

le cerveau

ɓernde

le cœur

ƴiyal

le muscle

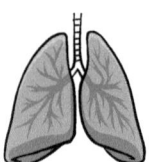

wecco

les poumons

heeñere

le foie

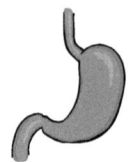

estoma

l'estomac

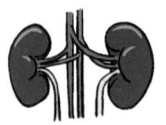

tekteki mawni

les reins

terɗe

le rapport sexuel

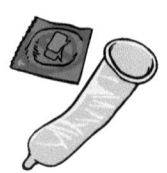

laafa ndeenka

le préservatif

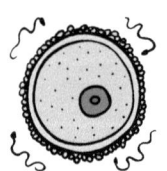

ɓoccoonde maniya

l'ovule

maniya

le sperme

reedu

la grossesse

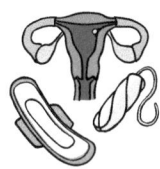

ƴiiƴam ella

la menstruation

farja

le vagin

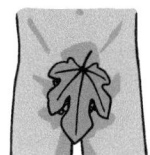

kaake

le pénis

leeɓi dow yiitere

le sourcil

sukunndu

les cheveux

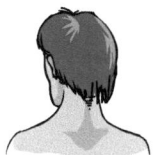

daande

le cou

suudu safirdu
l'hôpital

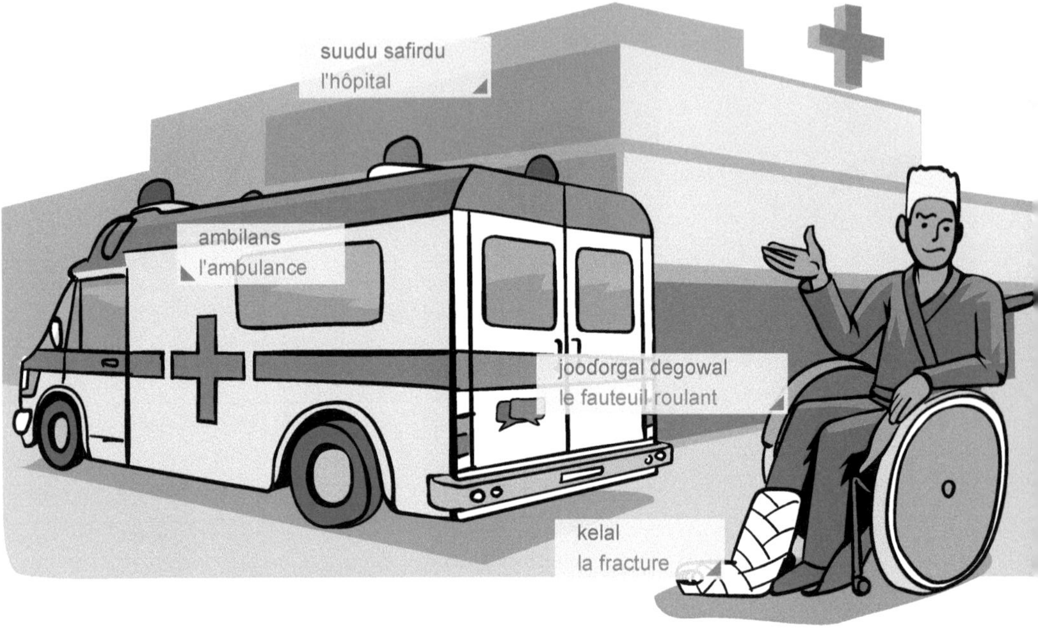

suudu safirdu
l'hôpital
ambilans
l'ambulance
joodorgal degowal
le fauteuil roulant
kelal
la fracture

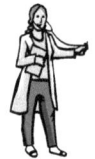

cafroowo

le médecin

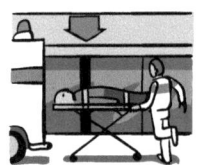

suudo irsaans

le service des urgences

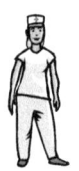

cafroowo

l'infirmière

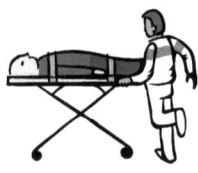

irsaans

l'urgence

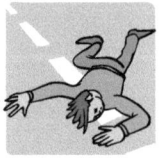

paɗɗiiɗo

inconscient

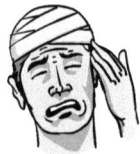

muuseeki

la douleur

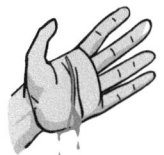

gaañande

la blessure

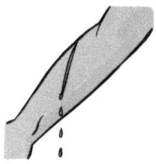

tuyƴude

l'hémorragie

bernde dartiinde

la crise cardiaque

darogol bernde

l'attaque cérébrale

alersi

l'allergie

ɗojjugol

la toux

nguleeki ɓandu

la fièvre

maɓɓo

la grippe

reedu dogooru

la diarrhée

muuseeki hoore

le mal de tête

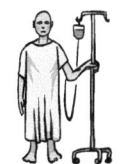

kanser

le cancer

jabet

le diabète

operasiyon

le chirurgien

ceekirgel

le scalpel

operasiyon

l'opération

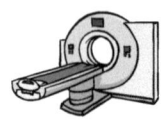

CT
le CT

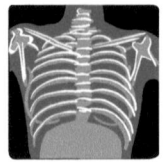

reyon-x
la radiographie

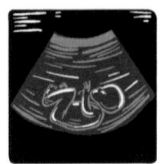

iltarason
l'échographie

mask yeeso
le masque

ñaw
la maladie

suudu sabbordu
la salle d'attente

sawru tuggorgal
la béquille

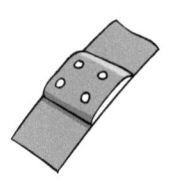

palatar
le pansement

bandaas
le pansement

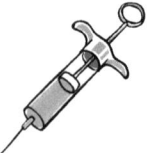

pikkitagol
l'injection

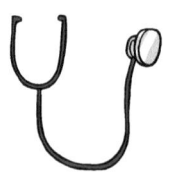

keɗirgel dille ɓandu
le stéthoscope

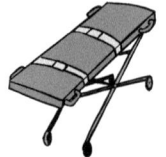

balankaaru
le brancard

betirgel nguleeki ɓanndu
le thermomètre

jibinegol
l'accouchement

ɓandu ɓurtundu
la surcharge pondérale

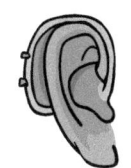

ballotirgel nonooje

l'appareil auditif

desefektan

le désinfectant

infeksiyon

l'infection

viris

le virus

HIV / SIDA

le VIH / le sida

safaara

le médicament

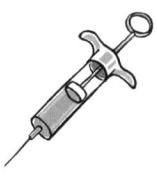

ñakko

la vaccination

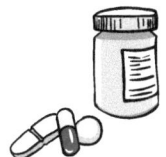

tabletuuji

les comprimés

foɗɗere

la pilule

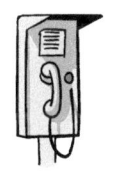

noddaango heñoraango

l'appel d'urgence

betirgel dogdu ƴiiƴam

le tensiomètre

sellaani / salli

malade / sain

Paaboɗe!

Au secours !

jangol

l'assaut

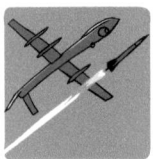

yande e

l'attaque

musiiba

le danger

damal dandirgal

la sortie de secours

tintinirgel

l'alarme

Paaboɗe!

Au feu!

ñifirgel jeynge

l'extincteur

aksida

l'accident

geɗe cafrorɗe gadane

la trousse de premier
secours

BALLAL

SOS

Polis

la police

Erop

l'Europe

Amerik to Rewo

l'Amérique du Nord

Amerik to Worgo

l'Amérique du Sud

Afiriki

l'Afrique

Asi

l'Asie

Ostarali

l'Australie

Atalantik

l'Océan atlantique

Pasifik

l'Océan pacifique

Oseyan Enje

l'Océan indien

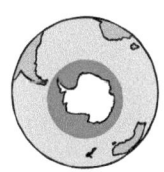

Oseyan Antarktik

l'Océan antarctique

Osean Arkatik

l'Océan arctique

Bange Rewo

le Pôle nord

Bange Worgo

le Pôle sud

Antarktik

l'Antarctique

Leydi

la terre

leydi

le pays

maayo mawngo

la mer

wuro nder ndiyam

l'île

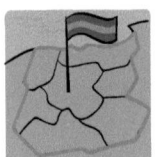

leydi

la nation

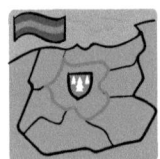

jamaanu

l'état

yeeso montoor

le cadran

misalel waqtu

l'aiguille des heures

misalel hojomaaji

l'aiguille des minutes

misalel majanɗe

l'aiguille des secondes

Hol waqtu jonɗo?

Quelle heure est-il ?

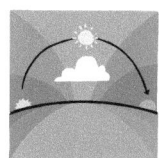

ñalawma

le jour

saha

le temps

jooni

maintenant

montoor disitaal

la montre digitale

hojom

la minute

waqtu

l'heure

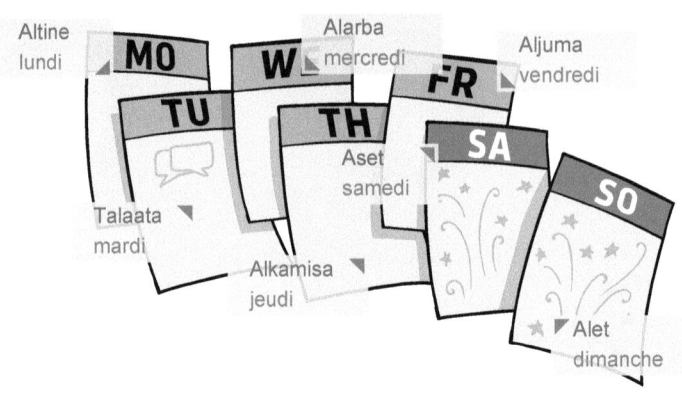

Altine — lundi
Alarba — mercredi
Aljuma — vendredi
Talaata — mardi
Aset — samedi
Alkamisa — jeudi
Alet — dimanche

hanki

hier

hande

aujourd'hui

jango

demain

subaka

le matin

beetawe

le midi

kikiiɗe

le soir

MO	TU	WE	TH	FR	SA	SU
1	2	3	4	5	6	7
8	9	10	11	12	13	14
15	16	17	18	19	20	21
22	23	24	25	26	27	28
29	30	31	1	2	3	4

ñalawmaaji golle

les jours ouvrables

MO	TU	WE	TH	FR	SA	SU
1	2	3	4	5	6	7
8	9	10	11	12	13	14
15	16	17	18	19	20	21
22	23	24	25	26	27	28
29	30	31	1	2	3	4

ñalamaaji fooftere

le week-end

hitaande

l'année

tobo
la pluie
timtimol
l'arc-en-ciel
nees
la neige
hendu
le vent
caggal dabbunde
le printemps
dabbunde
l'automne
ndungu
l'été
dabbunde
l'hiver

4.APRIL 11°
5.APRIL 4°
6.APRIL 13°
7.APRIL 8°
8.APRIL 10°

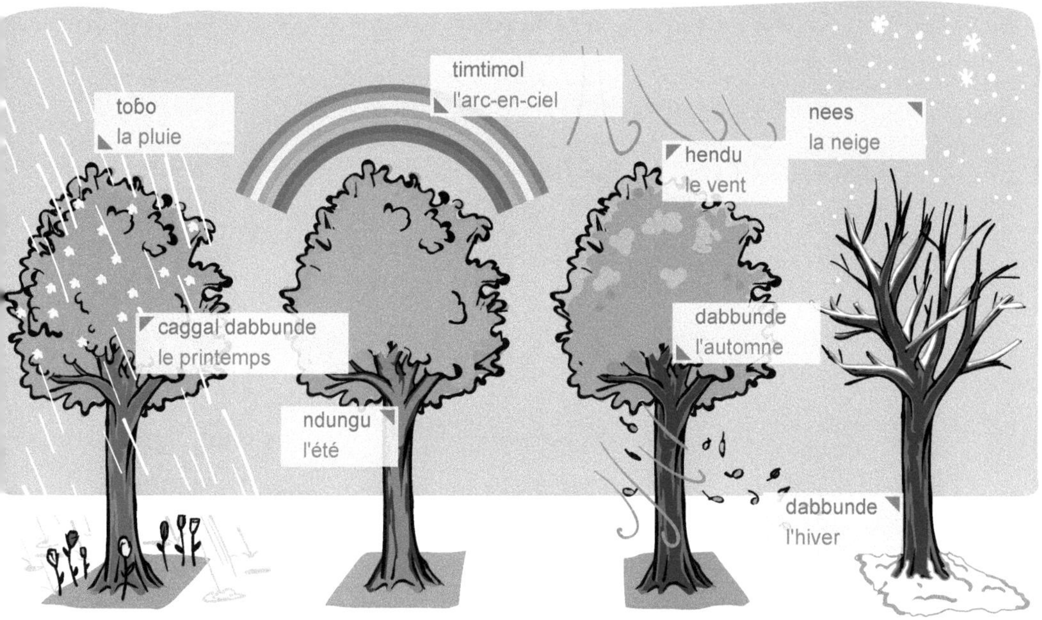

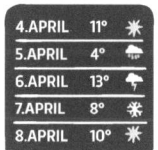

kabrugol geɗe weeyo

la météo

F C
120 40
90 30
60 20
30 10
0 0
-30 -10
-20

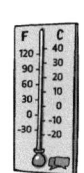

ɓetirgal nguleeki

le thermomètre

nguleeki naange

la lumière du soleil

duulal

le nuage

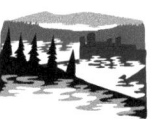

niɓɓere niwri

le brouillard

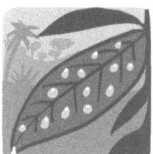

ɓuuɓol

l'humidité

majaango

la foudre

gidango

la tonnerre

hendu yaduungo e gidaali

la tempête

toɓo mawngo

la grêle

keneeli mawɗi

la mousson

toɓo yooloongo

l'inondation

galaas

la glace

Janwiye

janvier

Feeviriye

février

Mars

mars

Awril

avril

Me

mai

Suwe

juin

Suliye

juillet

Ut

août

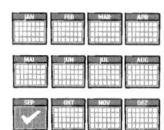

Setanbar
....
septembre

Oktobar
....
octobre

Noowambar
....
novembre

Desambar
....
décembre

Mbaadi
les formes

taariɗum
....
le cercle

bangeeji potɗi
....
le carré

rektangal
....
le rectangle

tiriyangal
....
le triangle

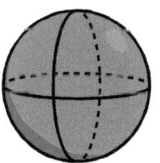

esfeer
....
la sphère

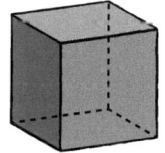

kib
....
le cube

les couleurs

deneejo

blanc

puro

jaune

oraas

orange

roos

rose

boɗeejo

rouge

yolet

violet

bulaajo

bleu

werte

vert

baka

marron

giri

gris

baleejo

noir

heewi / famɗi

beaucoup / peu

mittinɗo / deeyɗo

fâché / calme

yooɗi / soofi

joli / laid

fuɗɗorde / gasirde

le début / la fin

mawni / famɗi

grand / petit

leeri / ɗibbiɗi

clair / obscure

mawniraaɗo gorko / debbo

frère / soeur

laaɓi / tulmi

propre / sale

timmi / manki

complet / incomplet

ñalawma / jamma

le jour / la nuit

mayi / wuuri

mort / vivant

yaaji / ɓitti

large / étroit

ñaame / ñaametaake

comestible / incomestible

bonɗum / moyƴi

méchant / gentil

weelti / deeyi

excité / ennuyé

ɓutto / cewɗo

gros / mince

gadiiɗo / cakkitiiɗo

le premier / le dernier

sehil / gaño

l'ami / l'ennemi

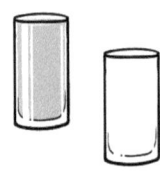

heewi / ɓolɗi

plein / vide

tiiɗi / hoyi

dur / souple

teddi / hoyi

lourd / léger

heege / ɗomka

faim / soif

sellaani / salli

malade / sain

dagaaki / dagi

illégal / légal

ƴoyi / ƴiƴaani

intelligent / stupide

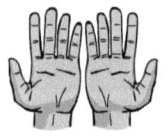

ñaamo / nano

gauche / droite

ɓadi / woɗɗi

proche / loin

ceertuɗe - les oppositions

keso / kiiɗɗo

nouveau / usé

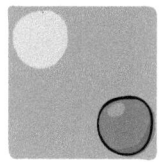

haydara / huunde

rien / quelque chose

nayeeji / suka

vieux / jeune

ne heen / ala heen

marche / arrêt

udditi / uddi

ouvert / fermé

deeƴi / dilla

faible / fort

galo / baasɗo

riche / pauvre

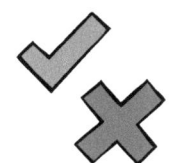

feewi / feewaani

correct / incorrect

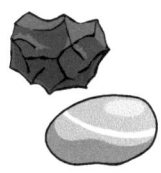

tekki / ɗaati

rugueux / lisse

suni / weelti

triste / heureux

daɓɓo / jutɗo

court / long

leeli / yaawi

lent / rapide

leppi / yoori

mouillé / sec

wuli / ɓuuɓi

chaud / froid

hare / jam

la guerre / la paix

0

meere

zéro

1

goo

un / une

2

ɗiɗi

deux

3

tati

trois

4

nay

quatre

5

joy

cinq

6

jeegom

six

7

seeɗiɗi

sept

8

jeetati

huit

9

jeenay

neuf

10

sappo

dix

11

sappo e goo

onze

12

sappo e ɗiɗi

douze

13

sppo e tati

treize

14

sappo e nay

quatorze

15

sappo e joy

quinze

16

sappo e jeegom

seize

17

sappo e jeeɗiɗi

dix-sept

18

sappo e jeetati

dix-huit

19

sappo e jeenay

dix-neuf

20

noogas

vingt

100

teemedere

cent

1.000

ujunere

mille

1.000.000

miliyonŋ

le million

Angale

l'anglais

Angale Amerik

l'anglais américain

Mandare Siin

le chinois mandarin

Indo

le hindi

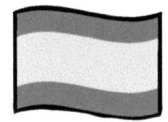

Español

l'espagnol

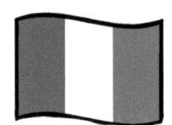

Farayse

le français

Arab

l'arabe

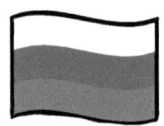

Riis

le russe

Portige

le portugais

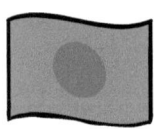

Bengali

le bengali

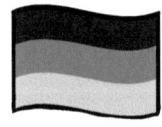

Alma

l'allemand

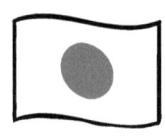

Sappone

le japonais

miin

je

ann

tu

kanŋko / kanŋko / kañum

il / elle / ce, c', cela

minen

nous

onon

vous

kamɓe

ils / elles

holi oon?

Qui ?

hol ɗum?

Quoi ?

hol no?

Comment ?

hol toon?

Où ?

mande?

Quand ?

innde

le nom

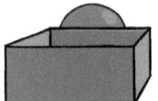

caggal

derrière

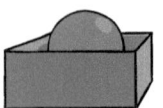

nder

dans

yeeso

devant

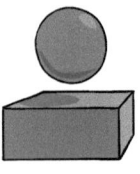

hedde

au-dessus

dow

sur

les

en-dessous

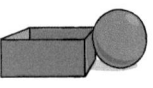

sara

à côté de

hakkunde

entre

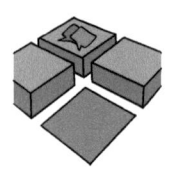

nokku

le lieu